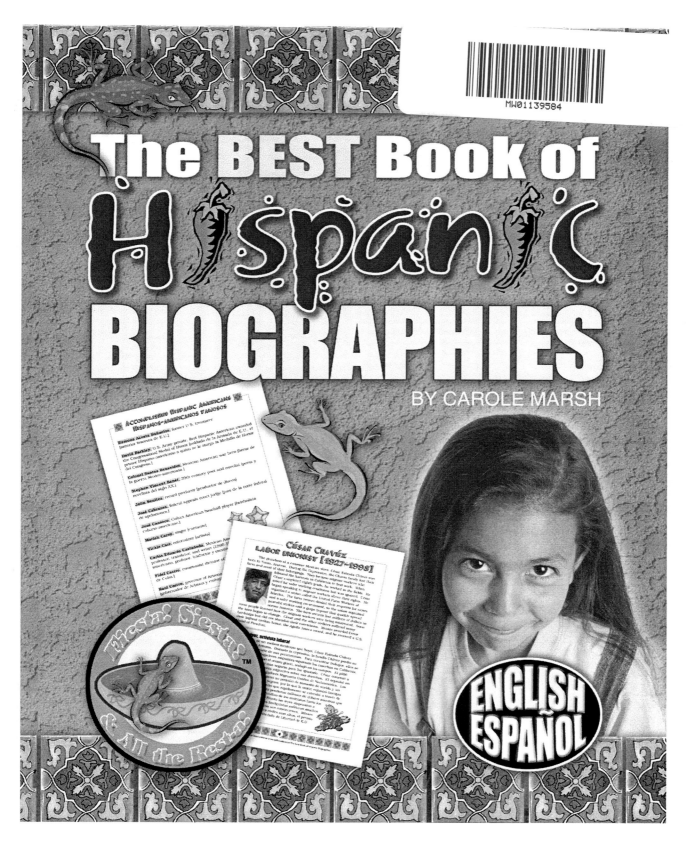

The BEST Book of Hispanic BIOGRAPHIES

BY CAROLE MARSH

ENGLISH ESPAÑOL

Editor: Jenny Corsey ● Graphic Design: Cecil Anderson and Lynette Rowe
Cover Design: Victoria DeJoy ● Spanish Translation: Vilma Valdivia-Soto

1

Published by

GALLOPADE™
INTERNATIONAL

800-536-2GET
www.gallopade.com

Gallopade is proud to be a member of these educational organizations and associations:

The National School Supply and Equipment Association
The National Council for the Social Studies
Association for Supervision and Curriculum Development
Museum Store Association
Association of Partners for Public Lands

Fiesta! Siesta! & All the Rest-a!™

The Big Book of Hispanic Activities
The Hispanic Heritage Coloring Book
Hispanic Trivia: The Hispanic Experience A-to-Z!
Celebrating Hispanic Heritage: 20 Days of Activities,
Reading, Recipes, Parties, Plays, and More!
Mini-Timeline of Awesome Hispanic Achievements and Events

Hispanic Heritage Readers™

Hernando de Soto
Diego Rivera
Roberto Clemente
Francisco de Coronado

Cabeza de Vaca
Ellen Ochoa
César Chávez

Father Junípero Serra
Antonia C. Novello
Juan Ponce de León

From the Carole Marsh Mysteries™ series

The Mystery of the California Mission Trail
The Mystery of the Alamo Ghost

African American Heritage series: Black Jazz, Pizzazz, & Razzmatazz™

12 Exciting Products to Choose From!

State Stuff™, available for all 50 states:

My First Pocket Guide
State My First Book
State Wheel of Fortune Gamebook
State Survivor Gamebook
State Illustrated Timelines
"Jography!": A Fun Run Through Our State

The State Coloring Book
The Big Reproducible Activity Book
State Millionaire Gamebook
State Project Books
Jeopardy: Answers & Questions About
Our State

      3

A Word From the Author

What is a biography, anyway? We usually think of it as the life story of someone famous. When someone has achieved a special goal, accomplished something significant in history, discovered something that will help mankind, or created a work of art—we want to know more about that person. What they were really like. Why—and how—they did what they did. What it means to them, and to us. Would they do it again? Why or why not? What can we learn from their life? I think the best biographies are of the ordinary person. We may not even know their name, but their life can be fascinating to us. Everyone has a biography (even a kid!)—a life story of what has happened to them and what they have done up to this point. While you might think your biography is boring, it may be very exciting to someone who has lived an entirely different kind of life in a completely different type of place.

I like a biography that tells the truth. When we only learn the good side of the person, what they have done right, we don't learn how they accomplished in spite of problems and failures. These are part of every life too. Trial and error. Giving up. Starting over.

What can a kid learn from a biography? How other people have had to live their lives. And how they have chosen to live their lives. How everything you learn and do becomes part of the you that can often go on and do great things in spite of (and often because of!) a hard life, poverty, discrimination, handicaps, and other negative things that only you can turn to positive!

You can learn that we're all pretty much alike. We have the same wants and hopes and dreams and fears and doubts. Some are smarter. Some have more money. Others may have more patience. Or determination.

You can learn that we're all pretty special. We all have something important to do while we're here on Earth. We may not know exactly what that is. We may never even find out. But when we can look and see how others may also have thought they had little to contribute, but made a great difference, even in the life of one other person—we can have hope that what we do is important too.

In fact the most important biographies have never (and probably never will) be written. If they were, they would be the biographies of our grandparents, our mothers, our fathers, our brothers and sisters, our aunts and uncles, our special friends, the teachers who helped us, the employer who gave us our first job, even our beloved pets.

After you read this book about some famous and not so famous folks, I hope you will begin to look for biographies everywhere! In the newspaper, on television, in your schoolbooks, in letters, in conversations.

After all, biographies are not written all at once. They are written like our lives. One day at a time.

Carole Marsh

UNAS PALABRAS DEL AUTOR

¿Qué es una biografía? Usualmente pensamos que es la historia de la vida de alguien famoso. Cuando alguien ha alcanzado una meta especial, ha hecho algo significativo en la historia, ha hecho algún descubrimiento que ayuda a la humanidad, o creado una obra de arte – queremos saber mas sobre esa persona. Como son ellos de verdad. ¿Por qué y cómo lograron lo que hicieron? Lo que significa para ellos, y para nosotros. ¿Lo harían de nuevo? ¿Por qué, o por qué no? ¿Qué podemos aprender de sus vidas? Pienso que las mejores biografías son las de personas comúnes. Tal vez ni sepamos sus nombres, pero sus vidas pueden ser fascinantes para nosotros. Todos tenemos una biografía (aún los niños!) – una relato de lo que les ha sucedido y lo que han hecho hasta este punto. Mientras que tú puedes pensar que tu biografía es aburrida, podría ser bien excitante para alguien que ha vivido una vida completamente diferente en un ambiente totalmente distinto.

A mi me gusta una biografía que dice la verdad. Cuando solamente conocemos el lado bueno de una persona, lo que han hecho bien, entonces no sabemos como lo lograron a pesar de los problemas y fracasos, que también son partes de la vida. Tratar y errar. Dejándose vencer. Empezando otra vez.

¿Qué puede aprender un jovencito de una biografía? Como otras personas han tenido que vivir sus vidas; y cómo han elegido vivirla. Cómo todo lo que digas y hagas se convierte en parte de tu YO, que a menudo puede hacer cosas maravillosas a pesar de (y casi siempre a causa de) una vida dificil, pobreza, discriminación, desventajas, y otras cosas negativas que solamente tú puedes convertir en positivas!

Puedes aprender que todos somos muy parecidos. Tenemos los mismos deseos, esperanzas, sueños, temores y dudas. Algunos son mas inteligentes. Algunos tienen mas dinero. Otros tienen mas paciencia, o determinación.

Tú puedes aprender que todos somos muy especiales. Todos tenemos algo importante que hacer mientras que estamos en este planeta. A lo mejor no sabemos exactamente qué es. Quizás nunca lo sabremos. Pero cuando miramos y vemos cómo otros que tal vez también pensaron que tenían poco que ofrecer, pero hicieron una gran diferencia, aunque sea en la vida de una sola otra persona – podemos tener la esperanza de que lo que hacemos también es importante.

En realidad las mejores biografías nunca han sido (y probablemente nunca serán) escritas. Si se escribieran, fueran las biografías de nuestros abuelos, madres, padres, hermanos y hermanas, tias y tios, amigos especiales, los maestros que nos ayudaron, el empleador que nos dio nuestro primer empleo, hasta nuestras queridas mascotas.

Después de que leas este libro acerca de algunos famosos y otros que no lo son tanto, espero que empieces a buscar biografías por todas partes! En el periódico, en la televisión, en los libros anuales de graduación de las escuelas, en cartas y en conversaciones.

Al fin y al cabo que las biografías no han sido todas escritas de una vez. Ellas son escritas como nuestras vidas. Un dia a la vez.

Carole Marsh

CÉSAR CHAVÉZ
LABOR UNIONIST [1927-1993]

The grandson of a runaway Mexican slave, César Estrada Chávez was born in Yuma, Arizona. During the Depression, the Chávez family lost their farm and most of their belongings. They became migrant workers who followed the harvests in California to find work. When César completed eighth grade, he worked in the fields. He asked for safer working conditions but was ignored. César began speaking to migrant workers about their rights. He organized a union called the United Farm Workers of America. The farm owners denied their requests for raises and a safer working environment, so the union organized peaceful strikes and a grape boycott that quickly spread across America. The farm owners lost millions of dollars as more people learned how the migrant workers were being mistreated. Soon the laws began to change. César and the other strikers suffered many hardships but did not abandon their convictions. Mexico awarded César their highest civilian honor, the Aguila Azteca award, and he received a U.S. Medal of Freedom.

César Chávez, activista laboral

El nieto de un esclavo mexicano que huyó, César Estrada Chávez nació en Yuma, Arizona. Durante la depresión, la familia Chávez perdió su finca y la mayor parte de sus pertenencias. Para encontrar trabajos, ellos se convirtieron en trabajadores migrantes siguiendo las cosechas en California. Cuando César terminó el octavo grado, trabajó en los campos. El pidió condiciones de trabajo mas seguras pero fue ignorado. César comenzó a hablarle a los trabajadores migrantes sobre sus derechos. El organizó un sindicato llamado Trabajadores Migrantes Unidos de Norteamerica. Los dueños de las fincas negaron su petición de aumento de sueldo y un ambiente de trabajo mas seguro, por lo que la unión organizó huelgas pacíficas y un boicot de uvas que rápidamente se extendió a través de Estados Unidos. Las fincas perdieron millones de dólares mientras que muchas mas personas aprendían de los maltratos hacia los trabajadores inmigrantes. Pronto las leyes empezaron a cambiar. César y los demás huelguistas sufrieron muchos reveses pero no abandanaron sus convicciones. México le otorgó a César su honores civiles mas altos, el premio Aguila Azteca, y recibió la Medalla de Libertad de E.U.

DIEGO RIVERA MURAL PAINTER [1886-1957]

Diego Rivera was born in Guanajuato, Mexico in 1886. Diego was raised in the countryside because of his poor health. He began drawing at age three and then studied art at the Academy of San Carlos in Mexico City seven years later. Diego's artistic talent was soon noticed at his first exhibition in 1907, and the governor awarded him a scholarship to study in Europe where he met many modern artists! After the Mexican revolution in 1910, Diego returned home to create political art for the newly independent nation along with other Mexican artists. His first important mural, "Creation," took Diego six years to finish. This chronicle of Mexican history was painted in the amphitheater at the University of Mexico. He married fellow painter Frida Kahlo in 1929 and then began painting murals in the United States, including New York City's Rockefeller Center and the Detroit Institute of the Arts. Diego Rivera died in Mexico City in 1957.

Diego Rivera, Pintor de murales [1886-1957]

Diego Rivera nació en Guanajuato, México en 1896. Diego fue criado en el campo por su pobre salud. El empezó a dibujar a la edad de tres años y siete años mas tarde entonces estudió en la Academia San Carlos en la Ciudad de Mexico. Los talentos artísticos de Diego se dejaron ver en su primera exhibición en 1907 y el gobernador le otorgó una beca para estudiar en Europa, donde él conoció a muchos artistas modernos! Después de la revolución mexicana en 1910, Diego regresó a casa para crear arte político para la nueva nación independiente, conjuntamente con otros artistas mexicanos. Su primer mural importante, "Creación" le tomó a Diego seis años terminarla. Esta crónica de la Historia Mexicana fue pintada en el anfiteatro de la Universidad de México. Se casó con la colega pintora Frida Kahlo en 1929 y entonces comenzó a pintar murales en Estados Unidos, incluyendo el Centro Rockefeller en New York y el Instituto de Artes de Detroit. Diego Rivera murió en la Ciudad de Mexico en 1957.

JAIME ESCALANTE EDUCATOR [B.1930]

Jaime Escalante Gutierrez was born in La Paz, Bolivia. He taught high school and coached competitive science teams for nine years. When a teaching program did not work, he tried another way. Jaime wanted his students to interact. Then the Escalantes emigrated to America. Jaime had to earn another college degree to teach math and physics. Jaime taught in a poor Los Angeles neighborhood. Drugs, dropouts, crime, and gangs made his job difficult. He taught students to make their own success. He tutored students before and after school, during lunch and on Saturdays. He started a summer work study program, led field trips to businesses where math is used, and created award-winning PBS television programs about math and science careers. Jaime taught calculus so students could take the advanced placement test. Even though less than 2 percent of U.S. students try this test, 18 of Jaime's students passed! Suspicious testing officials made the students take a harder test, which they also passed. The movie *Stand and Deliver* shared their story.

Jaime Escalante, educador [nacido en 1930]

Jaime Escalante Gutierrez nació en La Paz, Bolivia. El enseñba en la secundaria y entrenaba a equipos competitivos de ciencia por nueve años. Cuando un programa de enseñanza no funcionaba, él trataba de otra manera. Jaime quería que sus estudiantes interactuaran. Entonces los Escalantes emigraron a Estados Unidos. Jaime tuvo que obtener otro título universitario para poder enseñar mateméticas y física. Jaime enseñaba en un barrio pobre de Los Angeles. Las drogas, los chicos que abandonan sus estudios, crímenes y pandillas hacían su trabajo mas difícil. El le enseño a los estudiantes a crear su propio éxito. El tutoreaba a los estudiantes antes y después de la escuela, durante la hora de almuerzo y los Sábados. El comenzó un programa de estudios durante el verano, conducía paseos instructivos a negocios que usaban las matemáticas, y creó varios programas televisivos de carreras en matemáticas y ciencias que ganaron premios de la televisora PBS. Jaime le enseñó a sus estudiantes cálculos para que éstos pudieran tomar el exámen avanzado de admisión. Aun cuando menos del 2% de los estudiantes en Estados Unidos tratan ese exámen, 18 de los estudiantes de Jaime pasaron! Inspectores escolares que sospechaban algo hicieron que los estudiantes tomaran un exámen mas difícil, el cual también pasaron. La película "Stand and Deliver" que en Español lleva el nombre de Jaime Escalante, comparte su historia.

PABLO CASALS CELLIST [1876-1973]

Cello virtuoso Pablo Carlos Salvador Casals y Defillo was born in Spain. His father, who was a church organist, taught him to play the piano, violin, flute, organ, and other instruments. At age 12, Pablo chose to play the cello and left home to study music in Barcelona. Queen Maria Cristina was impressed by his skill and helped pay for continued musical education at the Royal Conservatory of Madrid. Then Pablo joined the Paris Opéra as a professional cellist. His first concert debut revealed an incredible talent to the world. Pablo began traveling around Europe and the Americas, including private concerts at the White House, to play solo cello performances. Pablo returned to Spain to found and conduct the Barcelona Orchestra so that poor working classes could enjoy classical music. He also guest conducted with other leading orchestras, composed choral and chamber compositions, organized an annual festival of classical chamber music in France, and conducted master classes. Pablo held several benefit concerts to raise money for war refugees and peace causes. He died in Puerto Rico in 1973.

Pablo Casals, violinista [1876-1973]

Un virtuoso violinista Pablo Carlos Salvador Casals y Defillo nació en España. Su padre, quien era organista de la iglesia, le enseñó a tocar el piano, violín, flauta, órgano y otros instrumentos. A la edad de 12 años Pablo elige tocar violín y se fue a Barcelona a estudiar música. La Reina Maria Cristina se impresionó con sus habilidades y ayudó pagando para que continuara estudiando en el Conservatorio Real de Madrid. Después Pablo se unió a la Opera Parisina como un violinista profesional. Su primer debut en concierto reveló al mundo su increible talento. Pablo comenzó a viajar por toda Europa y las Americas, incluyendo conciertos privados en la Casa Blanca, para tocar el violín como solista. Pablo regresó a España para fundar y conducir la Orquesta Sinfónica de Barcelona para que las clases pobres y trabajadoras pudieran disfrutar de la música clásica. También condujo como director invitado en otras orquestas famosas, compuso interpretaciones corales y de cámara, organizó festivales anuales de música clásica de cámara en Francia, y condujo clases maestras. Pablo hizo varios conciertos benéficos para recaudar dinero para los refugiados de guerras y causas por la paz. El murió en Puerto Rico en 1973.

FATHER JUNÍPERO SERRA MISSIONARY [1713-1784]

Father Junípero Serra was born in 1713 on the island of Mallorca. Junípero joined the Franciscan order. He studied hard and became a priest, a professor of philosophy, and a pulpit orator (preacher). Then Junípero wanted to become a missionary. He left Spain for Mexico City in 1750. Junípero worked with the Pamé Indians in eastern Mexico for nine years.

He tried to convert them to Christianity, specifically Roman Catholicism. Junípero traveled further north with a Spanish military unit to minister among more Indians. Captain Gaspar de Portol helped him build a Spanish mission in present-day San Diego, California. Eventually 21 missions were founded along the California coast. The missions were built from adobe brick or cut stone. Nine of the missions were established by Franciscan priests. These missionaries reported around 6,000 Indian converts. Junípero never returned to Spain. He died at Mission San Carlos Borromeo near the present-day city of Monterey, California in 1784.

Padre Junípero Serra, misionero [1713-1784]

El Padre Junípero Serra nació en 1713 en la Isla de Mallorca. Junípero se unió a la orden Franciscana. El estudió duro y se hizo cura, profesor de filosofia, y orador. Luego quizo ser misionero. El dejó España y llegó a la Ciudad de México en 1750. Junípero trabajó por nueve años con los indios pamé en el este de México. El trató de convertirlos al cristianismo, específicamente al Catolicismo Romano. Junípero viajó al norte con una unidad militar española para ministrarle a mas indígenas. El Capitán Gaspar de Portol le ayudó a construir una misión española, que hoy en dia es San Diego, California. Eventualmente 21 misiones fueron fundadas a lo largo de la costa californiana. Las misiones fueron construídas en ladrillos de adobe o piedras cortadas. Nueve de esas misiones fueron establecidas por curas franciscanos. Esos misioneros reportaron haber convertido alrededor de 6,000 indios. Junípero nunca regresó a España. El murió en la Misión de San Carlos Borromeo cerca de lo que hoy conocemos como la ciudad de Monterey, California en 1784.

ROBERTO GOIZUETA
BUSINESSMAN [B. 1931]

Roberto Goizueta grew up on one of the Cuban sugarcane plantations that his wealthy family owned. Though he spoke little English, Roberto traveled to the United States for his education. After attending Cheshire Academy in Connecticut, he majored in chemical engineering at Yale University. Roberto worked for his father's sugarcane business for a while, but then applied for a chemist position for Coca-Cola in Havana. After the communist revolution of 1959, Roberto and his family left all of their belongings in Cuba and fled to America. He continued to work hard at the Coca-Cola Company and eventually moved to the Atlanta headquarters to accept a vice-president position. In 1980, Roberto became the president and CEO of Coca-Cola. He made lots of improvements that helped the company grow worldwide, like adding diet and caffeine-free drinks. The total return on Coca-Cola stock increased by more than 7,000 percent under Roberto's leadership! Coca-Cola is now sold in more than 200 countries. In 1997, Roberto C. Goizueta died of cancer at age 65.

Roberto Goizueta, negociante [1931-1997]

Roberto Goizueta creció en una de las haciendas azucareras en Cuba, de las que su adinerada familia eran dueños. Aunque hablaba poco Inglés, Roberto viajó a Estados Unidos a estudiar. Después de asistir a la Academia Cheshire en Connecticut, se especializó en ingeniería química en la Universidad de Yale. Roberto trabajó un tiempo en los negocios azucareros de su padre, pero después aplicó para la posición de químico con la Coca-Cola en La Habana. Después de la revolución comunista de 1959, Roberto y su familia dejaron todas sus pertenencias en Cuba y huyeron a Estados Unidos. El continuó trabajando duro para la Coca-Cola, eventualmente se mudó a Atlanta para aceptar la posición de vice-presidente de la compañía. En 1980, Roberto se convirtió en el presidente y oficial ejecutivo en jefe de la Coca-Cola. El hizo muchísimas mejoras que ayudaron a la compañía a crecer a nivel mundial, tal como la adición de refrescos dietéticos y sin cafeína. Las acciones de la Coca-Cola aumentaron en mas de 7,000% bajo el liderazgo de Roberto! Ahora se venden los productos de Coca-Cola en mas de 200 países. En 1997 Roberto C. Goizueta murió de cáncer a la edad de 65 años.

LOURDES LOPEZ
BALLET DANCER [B.1958]

Lourdes Lopez was born in Cuba just before the communist revolution. Her family fled to Miami, Florida to live in safety. When Lourdes turned five, her legs began to hurt. Doctors advised orthopedic shoes and dancing lessons to strengthen her legs. Lourdes enrolled in weekly ballet classes. She studied formal ballet with a Russian teacher who told her about the classic ballets like *Swan Lake* and *Sleeping Beauty*. At age 10, Lourdes auditioned for ballet schools in New York and Miami and won scholarships to each! She chose the school closest to home, but moved to New York four years later to continue her studies. She became a member of the New York City Ballet at age 16. Lourdes had to memorize dance routines for more than 40 ballets each season! She performed well and was promoted to soloist, then principle dancer. After a serious foot injury, Lourdes spent time with her husband and daughter while recovering. She returned to dance two years later. Today, Lourdes visits schools to introduce young children to ballet.

Lourdes Lopez, bailarina de balet [nacida en 1958]

Lourdes Lopez nació en Cuba justo antes de la revolución comunista. Su familia huyó a Miami, Florida para vivir con seguridad. Cuando Lourdes cumplió cinco años, sus piernas empezaron a dolerle. Los doctores recomendaron zapatos ortopédicos y clases de baile para fortalecerle las piernas. Lourdes se incribió en clases semanales de balet. Estudió balet formalmente con un maestro ruso quien le contó sobre obras clásicas como el Lago de los Cisnes y la Bella Durmiente. A la edad de 10 años, Lourdes audicionó para las escuelas de balet en New York y Miami, y ganó becas para las dos plazas! Ella eligió la escuela mas cercana a casa, pero se mudó a New York cuatro años mas tarde para continuar sus estudios. Ella se hizo miembro del Balet de la Ciudad de New York a la edad de 16 años. Lourdes tuvo que memorizar rutinas de bailes para mas de 40 presentaciones cada temporada! Ella se desempeñaba bien y fue promovida a solista, y luego bailarina principal. Después de una seria lesión en el pie, Lourdes pasó tiempo con su esposo e hija mientras se recuperaba. Dos años después regresó a bailar. Hoy, Lourdes visita escuelas para introducir a los pequeños al balet.

FRANKLIN R. CHANG-DIAZ
ASTRONAUT

Franklin Chang-Diaz, Ph.D., was born into a poor family from San José, Costa Rica in 1950. He emigrated to America and attended high school in Hartford, Connecticut. Franklin earned a B.S. in mechanical engineering at the University of Connecticut and a doctorate in applied plasma physics from the Massachusetts Institute of Technology (MIT). After working as a scientist, Franklin became the first Hispanic astronaut in the NASA space program, in 1981. He helped link the science community and the astronaut program together. Franklin has spent more than 1,600 hours in space and survived six space missions. He has earned seven NASA Space Flight medals, a Medal of Excellence from the Congressional Hispanic Caucus, the Flight Achievement Award from the American Astronautical Society, the Wyld Propulsion Award for 21 years of engine research, and several honorary doctoral degrees. Now he is an adjunct professor and directs the Advanced Space Propulsion Laboratory at the Johnson Space Center in Texas. Franklin likes to spend time with his wife and four children, scuba dive, play soccer, and hike.

Franklin R. Chang-Diaz, astronauta

Franklin Chang-Diaz, Ph.D. nació en medio de una familia pobre de San José, Costa Rica en 1950. El emigró a Estados Unidos y fue a la secundaria en Hartford, Connecticut. Franklin obtuvo un bachiller en ingeniería mecánica de la Universidad de Connecticut y un doctorado aplicado en plasma física del Instituto de Tecnología de Massachusetts (MIT). Después de trabajar como científico, en 1981 Franklin se convirtió en el primer austronauta hispano en el programa espacial de la NASA. El ayudó a enlazar a la comunidad científica con el programa de astronautas. Franklin ha pasado mas de 1,600 horas en el espacio y sobrevivido seis misiones espaciales. Se ha ganado siete medallas de Vuelos Espaciales de la NASA, una Medalla de Excelencia de la Cámara Hispana del Congreso, el premio de la Sociedad Americana de Astronáutica por Logros de Vuelos, el premio de Propulsión Wyld por 21 años de investigación de máquinas, y varios diplomas doctorales honorarios. Ahora él es un profesor adjunto y dirige el Laboratorio de Propulsión Avanzada al Espacio en el Centro Espacial Johnson en Texas. A Franklin le gusta pasar tiempo con su esposa y cuatro hijos, bucear, jugar fútbol soccer y echar caminatas.

PÉLÉ, SOCCER LEGEND [B. 1940]

Edson "Pelé" Arantes Do Nascimento was born in Tres Coracos, Brazil to a poor family. Pelé learned to play soccer from his father and joined a local team. A Brazilian soccer star noticed eleven-year-old Pelé's talent and said he would become the greatest soccer player in the world! Some of Pelé's greatest assets were speed, ball control, balance, and shooting precision. He scored a goal right away at his first professional game. At age 17, Pelé competed in his first World Cup with the Brazil National Team. His six goals in four games helped Brazil win the title! They also established his athletic reputation worldwide. Other countries offered him high salaries, but Pelé continued to play for Brazil and competed in three more World Cups. During his twenty-year career, Pelé played in 1,360 games and scored 1,282 goals. He holds several Brazilian and world records. Pelé came out of retirement in 1975 to play professionally in the United States because he wanted to promote the sport of soccer there.

Pelé, leyenda del fútbol soccer [nacido en 1940]

Edison "Pelé" Arantes Do Nascimento nació en Tres Coracos, Brasil en medio de una familia pobre. Pelé aprendió a jugar el fútbol soccer de su padre y se unió a un equipo local. Una estrella del fútbol soccer nacional brasileño notó el talento del niño Pelé de entonces once años y dijo que se convertiría en el mejor jugador de fútbol soccer en el mundo! Algunos de sus mejores atributos eran la velocidad, control de la bola, balance y precisión de tiro. El metió un gol inmediatamente en su primer juego profesional. A la edad de 17 años Pelé compitió en su primera Copa Mundial con la Selección Nacional de Brasil. Sus seis goles en cuatro juegos ayudaron a Brasil a ganar el título! También le establecieron su reputación atlética mundial. Otros países le ofrecieron salarios bien altos, pero Pelé continuó jugando para Brasil y compitió en tres Copas Mundiales mas. Durante sus 20 años de carrera, Pelé jugó en 1,360 juegos y metió 1,282 goles. El tiene varios récords mundiales y brasileños. Pelé salió de su retiro en 1975 para jugar profesionalmente en Estados Unidos porque quería promover el deporte de fútbol soccer allí.

RITA MORENO
PERFORMER [B.1931]

Born in Humacao, Puerto Rico, Rosa Dolores Alverio emigrated to New York City with her mother at age five. She acted on Broadway before MGM studio executives recruited her at age 14. They changed her stage name to Rita. She loved to sing, dance, and act. She performed in the musicals "Singin' in the Rain" and "The King and I." After acting in several films, Rita landed the feisty role of Anita in "West Side Story" (1961) and won an Oscar and a Golden Globe for Best Supporting Actress. Later she worked with the PBS children's series "The Electric Company" and won a Grammy her work on the soundtrack. After winning Emmy awards for guest appearances on "The Muppet Show" and "The Rockford Files," Rita won a Tony for the Broadway play "The Ritz" before returning to television. She acted in several sitcoms and television movies before reading the title voice in "Where on Earth Is Carmen Sandiego?" Anita is one of only two people to ever win an Oscar, a Tony, an Emmy, and a Grammy!

Rita Moreno, artista [nacida en 1931]

Nació en Humacao, Puerto Rico, como Rosa Dolores Alverio, emigró a la Ciudad de New York con su mamá a la edad de cinco años. Ella actuó en Broadway antes que los ejecutivos de los estudios MGM la reclutaran a la edad de 14 años. Ellos le cambiaron a su nombre artístico de Rita. Ella amaba cantar, bailar y actuar. Ella trabajó en los musicales "Cantando en la lluvia" y "El rey y yo". Después de actuar en varias películas, Rita consiguió en 1961 el papel de Anita en "La historia del lado oeste" (West Side Story) y ganó un Oscar y el Guante de Oro por la mejor actriz de apoyo. Mas tarde trabajó con la PBS en la serie para niños "La Compañía Eléctrica" y ganó un Grammy por su trabajo en la banda sonora. Después de ganar premios Emmy por apariciones en calidad de invitada en el "Show de los títeres" (The Muppet Show) y "Los Expedientes de Rockford" (The Rockford Files), Rita ganó un Tony por la obra de Broadway "The Ritz" antes de regresar a la televisión. Ella actuó en varias comedias y películas para la televisión antes de ser la voz titular de "¿Dónde en el Mundo está Carmen Sandiego?". Rita es una de solamente dos personas en ganar un Oscar, un Tony, un Emmy, y un Grammy!

JULIA ALVAREZ
WRITER [B.1950]

Julia Alvarez was born in New York City. When she was three months old, her parents took her home to the Dominican Republic. The family later returned to America after political dangers intensified. Julia knew very little English so she listened carefully to each word to learn the language. Soon she devoured books and made up her own stories. Julia wanted to become a writer. She earned her bachelor's degree at Middlebury College and a master's degree in fine arts from Syracuse University in 1975. Later she taught creative writing at several colleges, including Middlebury, before traveling around the country to teach poetry in schools. In 1991, Julia published her first novel, *How the García Girls Lost Their Accents*. Julia has earned several writing awards, fellowships, and grants for her writing. She lives in Vermont on a small farm with her husband Bill, who raises vegetables. They also run a sustainable farm-literacy center called Alta Gracia in the Dominican Republic.

Julia Alvarez, escritora [nacida en 1950]

Julia Alvarez nació en la Ciudad de New York. Cuando ella tenía tres meses de nacida sus padres la llevaron a su país, República Dominicana. La familia mas tarde regresó a Estados Unidos después de que algunos peligros políticos se intensificaran. Julia sabía muy poco Inglés por lo que escuchaba con mucha atención cada palabra para aprender el lenguage. Pronto devoraba libros y hacía sus propias historietas. Julia quería ser escritora. Ella obtuvo su bachiller del Colegio de Middlebury y su maestría en finas artes de la Universidad de Syracuse en 1975. Mas tarde enseñó escritura creativa en varios colegios, incluyendo Middlebury, antes de viajar alrededor del país enseñando poesia en las escuelas. En 1991, Julia publicó su primera novela, Como Perdieron su Acento las Niñas García. Julia ha ganado varios premios de literatura, compañerismo, y becas por su escritura. Ella vive en Vermont en una pequeña finca con su esposo Bill, quien cosecha vegetales. También manejan un gran centro de educación para campesinos, llamado Alta Gracia en la República Dominicana.

ROBERTO CLEMENTE
BASEBALL PLAYER [1934-1972]

Roberto Walker Clemente was born in Puerto Rico. While playing for the professional Santurce Crabbers baseball team in high school, Roberto was recruited by the Brooklyn Dodgers, but the Pittsburgh Pirates soon snapped him up for their team, where he played for 18 years. Roberto played on the 1960 All-Star Team, and was voted Most Valuable Player in the National League in 1966 and Most Valuable Player at the 1971 World Series. He won 12 Gold Gloves and four batting crowns! Roberto also built a sports center in Puerto Rico to help poor children learn to play sports instead of using drugs. On December 23, 1972, an earthquake struck Managua, Nicaragua. On his way to deliver supplies to the victims, Roberto and four others died in a plane crash in the Atlantic Ocean. People everywhere grieved his death. The Roberto Clemente Award was established to recognize community activism among baseball players. One of the best right fielders in baseball history, Roberto Clemente was the first Hispanic elected to the Baseball Hall of Fame.

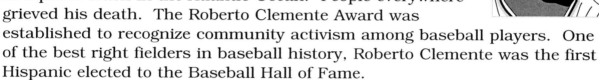

Roberto Clemente, beisbolista [1934-1972]

Roberto Walker Clemente nació en Puerto Rico. Mientras que estaba en la secundaria y jugaba profesionalmente para el equipo de beisbol los Santurce Crabbers, Roberto fue reclutado para jugar con los Brooklyn Dodgers, pero los Pittsburgh Pirates pronto se lo robaron para su equipo, donde el jugó por 18 años. Roberto jugó en el Juego de las Estrellas en 1960 y fue elegido el Jugador mas Valioso de la Liga Nacional en 1966 y el Jugador mas Valioso en la Serie Mundial del 1971. El ganó 12 Guantes de Oro y cuatro coronas de bateo! Roberto también construyó un centro deportivo en Puerto Rico para ayudar a los niños pobres a aprender deportes en vez de usar drogas. El 23 de Diciembre de 1972, un terremoto destruyó la Ciudad de Managua, Nicaragua. En ruta para entregar suplementos a las víctimas, Roberto y cuatro otras personas murieron en un accidente de avión en el Océano Atlántico. La gente por doquier lloraba su muerte. El Premio Roberto Clemente fue establecido para reconocer beisbolistas que son activos en su comunidad. Uno de los mejores jardineros derechos en la historia del beisbol, Roberto Clemente, fue el primer hispano elegido al Paseo de la Fama del Beisbol.

EDWARD JAMES OLMOS
ACTOR [B. 1947]

The son of immigrants, Edward James Olmos grew up in Los Angeles. After his parents' divorce, Edward was raised by his Mexican American mother. Edward and his friend Rusty Johnson started a rock band, but Rusty suggested Edward try acting because they both agreed that he couldn't sing very well! Edward played small parts for many years until he finally landed a major role in the Broadway play "Zoot Suit." He earned a Tony Award nomination and Drama Critics Circle Award for his performance! In 1985, Edward won an Emmy Award for his dramatic performance on "Miami Vice." Edward tries to direct, produce, and act in films that send positive messages about social issues. In "Stand and Deliver," he played Jaime Escalante who taught advanced math to urban teenagers in a rough high school. Some of his best films include "American Me," "Selena," and "My Family." Edward supports many charities and has worked with UNICEF, the Juvenile Diabetes Foundation, children's hospitals in Miami and Los Angeles, and the Hazard Education Project.

Edward James Olmos, actor [nacido en 1947]

Hijo de inmigrantes, Edward James Olmos creció en Los Angeles. Después del divorcio de sus padres, Edward fue criado por su mamá quien era Mexico Americana. Edward y su amigo Rusty Johnson empezaron una banda de rock, pero Rusty le sugirió a Edward que tratara la actuación porque los dos coincidían en que Edward no cantaba muy bien! Edward desempeñó pequeños papeles por varios años hasta que finalmente obtuvo un papel estelar en la obra de Broadway, "Zoot Suit." El ganó la nominación al Premio Tony y el Premio del Círculo de Críticos Dramaturgos por su desenvolvimiento! En 1985, Edward ganó un Premio Emmy por su dramática actuación en "Miami Vice." Edward trata de dirigir, producir, y actuar en películas que envían un mensaje positivo a cerca de asuntos sociales. En la película "Stand and Deliver," hizo el papel de Jaime Escalante quien le enseñó matemáticas avanzadas a adolescentes urbanos en una secundaria de alto riesgo. Algunas de sus mejores películas incluyen "Yo el Americano," "Selena," y "Mi familia." Edward apoya varias fundaciones de caridad y ha trabajado para la UNICEF, la Fundación de Jóvenes Diabéticos, hospitales infantiles en Miami y Los Angeles, y el Proyecto de Educación Riesgosa.

Antonia Novello
U.S. Surgeon General
[b.1944]

Antonia Coella Novello was born in Fajardo, Puerto Rico. When Antonia was young, she lived in constant pain because her colon was too large. At the hospital, Antonia admired her doctors' skill and decided to also help people in pain. While earning a biology and medical degree at the University of Puerto Rico, Antonia got better with several surgeries. She married Dr. Joseph Novello, and they studied medicine at the University of Michigan. Teaching pediatrics at Georgetown University, Antonia observed inefficiencies in the medical field, such as long waiting periods for transplant organs. She began working at the National Institutes of Health, earned a master's degree in public health from Johns Hopkins University, and helped draft health legislation in the U.S. Senate. In 1989, Dr. Antonia C. Novello was appointed the first Hispanic and the first woman to serve as Surgeon General of the United States! She advised America about health issues and led a team of 6,000 public health officers. After her term ended, she worked for UNICEF to improve global health. In 1994, Antonia was inducted into the Women's Hall of Fame.

Antonia Novello, Cirujano General de E.U. [nacida en 1944]

Antonia Coella Novello nació en Fajardo, Puerto Rico. Cuando Antonia era una jovencita ella vivía en dolor constante porque su colon era muy grande. En el hospital Antonia admiraba las habilidades de los doctores y decidió ayudar a las personas que sufrían de dolores. Mientras que estudiaba para graduarse de bióloga y medicina en la Universidad de Puerto Rico, Antonia se mejoró a través de varias operaciones. Se casó con el Dr. Joseph Novello y ellos estudiaron medicina en la Universidad de Michigan. Enseñando pediatría en la Universidad de Georgetown, Antonia notó ineficiencias en el campo médico, tales como los largos períodos de espera para transplantes de órganos. Ella empezó a trabajar para el Instituto Nacional de la Salud, obtuvo una maestría en salud pública de la Universidad Johns Hopkins, y ayudó a redactar legislaciones de salud en el Senado de E.U. En 1989, la Dra. Antonia C. Novello fue la primera Hispana y mujer en ser nombrada Cirujano General de Estados Unidos! Ella le advirtió al país sobre asuntos de salubridad y dirigió un equipo de 6,000 oficiales de salud pública. Al concluir su término, ella trabajó para la UNICEF para mejorar la salud mundial. En 1994 Antonia fue enlistada en el Paseo de la Fama Femenino.

"Tito" Puente
Bandleader [1927-2000]

Ernesto Antonio Puente Jr. was born in Harlem Hospital, New York City to Puerto Rican parents. "Tito" played piano and drums in elementary school. He loved percussion and later played with an orchestra before serving three years with the U.S. Navy during World War II. He returned home to study at the Juilliard School of Music and then began arranging music (writing songs) and playing percussion with the popular Tito Puente And His Orchestra. When disc jockey Dick "Ricardo" Sugar translated one of their best songs into English, "Abaniquito" became one of the first crossover mambo hits on the mainstream charts. During the 1950s music era, Tito Puente reigned as a mambo king! He often played in New York dance halls, including "Home of the Mambo" Palladium Ballroom, to introduce Latin rhythms to the public. During his career, Tito recorded 100 albums, including his all-time bestseller "Dance Mania." Four of them won Grammy Awards! Tito "The Mambo King" has worked with numerous other musicians and experimented with many different music styles including salsa, pachanga, and jazz.

"Tito" Puente, director de orquesta [1927-2000]

Ernesto Antonio Puente Jr. nació en Harlem Hospital, en la Ciudad de New York a padres puertorriqueños. "Tito" tocaba el piano y la batería en la escuela primaria. El amaba la percusión y mas tarde tocó en una orquesta antes de servir tres años para la Marina Estadounidense durante la Segunda Guerra Mundial. Regresó a casa para estudiar en la Escuela de Música Juilliard y luego empezó como arreglista musical (componiendo) y tocando con la popular "Tito Puente y su Orchestra." Cuando el ensamblador de discos (disc jockey) Dick "Ricardo" Sugar tradujo al Inglés una de sus mejores canciones, "Abaniquito" se convirtió en el primer éxito de mambo en hacer el cruce al inglés (crossover) y mantenerse arriba en todas las listas de popularidad. Durante la era musical de los años 50, Tito Puente reinó como el rey del mambo! Frecuentemente tocaba en los salones de bailes en New York, incluyendo La Casa del Mambo y el Salón Palladium, para introducir los ritmos latinos al público. Durante su carrera, Tito grabó 100 álbumes, incluyendo su mejor disco de todas las épocas, Manía de Bailar - "Dance Mania." Cuatro de ellos ganaron Premios Grammy! Tito "The Mambo King" [El rey del timbal] trabajó con numerosos músicos y experimentó con muchos estilos musicales como salsa, pachanga, y jazz. Tito Puente murió el 1 de Junio del 2000.

Luis Alvarez, physicist [1911-1988]

Luis Alvarez was born in San Francisco. Luis loved science, but he didn't like boring teachers. He earned bachelor, master, and doctoral degrees in physics at the University of Chicago. While teaching at the University of Berkeley, Luis made several scientific breakthroughs and earned 22 invention patents! He also worked on the Manhattan Project for the United States military. In 1968, Luis won the Nobel Prize for physics.

Luis Alvarez, físico [1911-1988]

Luis Alvarez nació en San Francisco. A Luis le encantaba las ciencias, pero no le gustaban los maestros aburridos. El obtuvo diplomas de bachiller, maestrías y doctorados en física en la Universidad de Chicago. Mientras enseñaba en la Universidad de Berkeley, Luis hizo varios descubrimientos científicos y obtuvo 22 patentes de inventos! También trabajó en el Proyecto de Manhattan para el ejército estadounidense. En 1968 Luis ganó el Premio Nobel de Física.

Ellen Ochoa, astronaut [b.1958]

Born in Los Angeles, California, Ellen loved to read. She played the flute and dreamed of becoming a professional musician. Ellen was the best math student in her high school. She earned a degree in physics from San Diego University and a master and doctorate in electrical engineering from Stanford University. After being accepted by the NASA space program, Ellen became the first Latina astronaut and the first Hispanic woman in space!

Ellen Ochoa, astronauta [nacida en 1958]

Nacida en Los Angeles, California, a Ellen le gustaba leer. Ella tocaba la flauta y soñaba en convertirse en músico profesional. Ellen fue la mejor estudiante de matemáticas en su secundaria. Ella obtuvo un diploma en física de la Universidad de San Diego, una maestría y un doctorado en ingeniería eléctrica de la Universidad de Stanford. Después de ser aceptada por la NASA para el programa espacial, Ellen se convirtió en la primera mujer latina en ser austronauta.

El Greco, painter [1541-1614]

Domenikos Theotocopoulos is known as El Greco ("The Greek") in the history books because he was born in Crete. El Greco became a great painter, sculptor, and architect in Spain. Many of his paintings focused on

religious subjects, including portraits and events. El Greco was influenced by Michelangelo's art. He is regarded among the greatest artists in history.

El Greco, pintor [1541-1614]
> Domenikos Theotocopoulos, conocido como El Greco ("El griego") en los libros de historia porque él nació en Creta (una de las islas griegas). El Greco se convirtió en un gran pintor, escultor y arquitecto en España. Muchas de sus pinturas se enfocaron en asuntos religiosos, incluyendo retratos y eventos. El Greco fue influenciado por el arte de Miguel Angel. A El Greco se le conoce como uno de los grandes pintores de la historia.

Gigi Fernandez, tennis player [b.1964]
> Beatriz Christina "Gigi" Fernandez was born in San Juan, Puerto Rico. At age four, Gigi began banging a tennis ball against a wall. She was the top ranked junior tennis player in Puerto Rico. Gigi joined the United States Olympic tennis team in 1992. She and Mary Joe Fernandez won the gold medal for women's tennis doubles against a Spanish duo!

Gigi Fernandez, jugadora de tenis [nacida en 1964]
> Beatriz Christina "Gigi" Fernandez nació en San Juan, Puerto Rico. A la edad de cuatro años, Gigi empezó a tirar una pelota de tenis contra la pared. Ella fue la jugadora juvenil de tenis de mas alto rango en Puerto Rico. Gigi se unió al equipo olímpico de tenis por Estados Unidos en 1992. Ella y Mary Joe Fernandez ganaron medallas de oro en los dobles femeninos contra un duo de España!

David Farragut, admiral [1801-1870]
> David Glasgow Farragut was born in Tennessee. His father emigrated from Spain and fought in the Revolutionary War. David joined the United States Navy at age nine and commanded his own ship at age 12.   Even though he lived in the South and had married a Virginian, David refused to oppose the Union. During the Civil War, David fought for the Union. He is most remembered for capturing Mobile Bay. In 1866, David was made the first full admiral in the United States Navy.

David Farragut, almirante [1801-1870]
> David Glasgow Farragut nació en Tennessee. Su padre emigró de España y peleó en la Guerra Revolucionaria. David entró a la Marina de Estados Unidos a la edad de nueve años y comandaba su propio barco a la edad de 12 años. Aún cuando él vivía en el Sur y se había casado con una mujer de Virginia, David se negó a oponerse a la Unión. Durante la Guerra Civil, David peleó a favor de la Unión. A él mas se le conoce por capturar la

Bahía de Mobile. En 1866, David fue nombrado el primer almirante completo en la Marina de Estados Unidos.

Martina Arroyo, opera singer [b. 1936]

Martina Arroyo was born in Puerto Rico and grew up in New York City. She learned piano and ballet. Martina wanted to perform, but she became a teacher because few minorities could work in the classical performing arts then. Kind musicians helped her study singing on the side. Martina earned a degree in languages to learn foreign opera and then sang opera in Europe. In 1965, she debuted at the Metropolitan Opera in New York City and received great reviews!

Martina Arroyo, cantante de ópera [nacida en 1936]

Martina Arroyo nació en Puerto Rico y creció en la Ciudad de New York. Ella aprendió a tocar piano y bailar balet. Martina quería ser artista, pero se hizo maestra porque en aquel entonces las minorías tenían muy pocas oportunidades de trabajo en las artes clásicas. Músicos bondadosos la ayudaron a estudiar canto por aparte. Martina obtuvo un diploma en lenguages para aprender ópera extranjera y después cantó ópera en Europa. En 1965 debutó en la Opera Metropolitana de la Ciudad de New York y recibió muy buenas críticas!

Pablo Neruda, poet [1904-1973]

Neftalí Ricardo Reyes Basoalto was born in Parral, Chile to a poor family. He began to write poetry at age ten and later met Chilean poet Gabriela Mistral. Neftalí used a pen name, Pablo Neruda, because his family did not agree with his writing. He published poems, studied French, edited a literary magazine, and served as a diplomat. Pablo wrote poetry about politics, love, and social issues. He won the Nobel Prize in literature in 1971. Pablo is one of the most widely read Spanish poets.

Pablo Neruda, poeta [1904-1973]

Neftalí Ricardo Reyes Basoalto nació en Parral, Chile en medio de una familia pobre. El comenzó a escribir poesías a la edad de diez años y mas tarde conoció a la poeta chilena Gabriela Mistral. Neftalí usó el seudónimo de, Pablo Neruda, porque su familia no estaba de acuerdo con su trabajo. El publicó poemas, estudió francés, editó una revista literaria, y sirvió como diplomático. Pablo escribió poesías a cerca de política, amor y asuntos sociales. El ganó el Premio Nobel de Literatura en 1971. Pablo es uno de los poestas Hispanos mas leídos.

Carolina Herrera, fashion designer [b.1939]

In Caracas, Venezuela, Carolina was born into a wealthy family. Her mother and grandmother loved to dress well. They took Carolina along on their designer shopping trips to Paris. When she grew older, Carolina designed her own clothes. Friends admired her designs and encouraged her to sell them. Carolina created a collection to show in New York. She launched her own company. Today her dresses are recognized around the world. She has even designed for princesses and presidents' wives.

Carolina Herrera, diseñadora de ropa [nacida en 1939]

Carolina nació en medio de una acaudalada familia en Caracas, Venezuela. A su mamá y abuela les gustaba vestirse de la alta costura. Ellas se llevaban a Carolina cuando iban a Paris en sus viajes de compras de diseñadores. Cuando ya era mayorcita se diseñaba sus propios vestidos. Sus amigos admiraban sus diseños y la animaban a venderlos. Carolina creó una colección para presentar en New York. Ella empezó su propia empresa. Hoy sus vestidos son reconocidos mundialmente. Inclusive, ella ha diseñado para princesas y primeras damas.

Alicia Alonso, ballerina [b.1921]

Alicia Ernestina de la Hoya was born in Havana, Cuba. She studied in New York City at the School of American Ballet, danced in several musicals, and eventually formed a partnership with Igor Youskevitch. Alicia was partially blind so lights were placed in different parts of the stage to guide her steps. Alicia and Igor performed well, and audiences never observed her handicap. Alicia founded a ballet company and won awards. She became director of the National Ballet of Cuba.

Alicia Alonso, bailarina de balet [nacida en 1921]

Alicia Ernestina de la Hoya nació en La Habana, Cuba. Estudió en la Ciudad de New York en la Escuela Americana de Balet, bailó en varios musicales, y eventualmente formó una sociedad con Igor Youskevitch. Alicia era parcialmente ciega por lo que se colocaban luces en ciertas áreas del escenario para guiar sus pasos. Alicia e Igor bailaban bien, y el público nunca observó su desventaja. Alicia fundó una compañía de balet y ganó varios premios. Ella se convirtió en la directora del Balet Nacional de Cuba.

Benito Juarez, president of Mexico [1806-1872]

Benito Juarez was born in Mexico. He studied law and governed Oaxaca state. Benito helped overthrow General Santa Anna and became a temporary president until rebels forced him to flee the capital. Benito continued to rule from another city and made changes in government and

society. Benito was elected president of Mexico in 1861. When Mexico could not pay its debt to France, Mexico City was invaded and captured. Benito ruled from the north until the French were defeated. Benito Juarez is one of Mexico's greatest national heroes.

Benito Juarez, presidente of México [1806-1872]

Benito Juarez nació en México. El estudió leyes y gobernó el Estado de Oaxaca. Benito ayudó a derrocar al General Santa Anna y se convirtió en presidente temporero hasta que los rebeldes lo forzaron a salirse de la capital. Benito continuó gobernando desde otra ciudad e hizo cambios en el gobierno y la sociedad. Benito fue elegido presidente of México en 1861. Cuando México no podía pagar su deuda a Francia, la Ciudad de México fue invadida y capturada. Benito gobernó desde el norte hasta que los franceses fueron vencidos. Benito Juarez es uno de los mejores héroes nacionales de México.

Nancy Lopez, golfer [b.1957]

Nancy Lopez was born in California, and her father emigrated from Mexico. She began playing golf when she was only eight years old. She won her first tournament, the New Mexico Women's Amateur, at age 12 and then several more competitions. Nancy was named Rookie of the Year, and she is a four-time Player of the Year. In 1989, she was elected to the PGA World Golf Hall of Fame. Nancy has won 48 golf titles.

Nancy Lopez, jugadora de golf [nacida en 1957]

Nancy Lopez nació en California, y su padre emigró de México. Ella empezó a jugar golf cuando tenía solamente ocho años. Ella ganó su primer torneo, el Torneo Aficionado Femenino de New Mexico a la edad de doce años y depués muchas mas competencias. Nancy fue nombrada Novata del Año, y ella ha sido cuatro veces Jugadora del Año. En 1989, fue elegida para el Paseo de la Fama de la PGA Mundial de Golf. Nancy ha ganado 48 títulos de golf.

Severo Ochoa, molecular biologist [1905-1993]

Severo Ochoa was born in Luarca, Spain. He earned his medical degree at the University of Madrid, with honors. He conducted research and taught at several universities. Severo won the Nobel Prize in medicine and physiology in 1959. He discovered how humans could create RNA, an important life substance that allows cells to grow. His discovery helped to advance the research of other medical scientists.

Severo Ochoa, biólogo molecular [1905-1993]

Severo Ochoa nació en Luarca, España.   Obtuvo su diploma de medicina de la Universidad de Madrid, con honores. El condujo investigaciones y enseñó en varias universidades. Severo ganó el Premio Nobel en medicina y fisiología en 1959. El descubrió como los humanos podemos crear RNA, una substancia importante que le permite a las células crecer. Su descubrimiento ayudó a otros científicos a avanzar en sus investigaciones.

Ileana Ros-Lehtinen, congresswoman [b.1952]
Ileana Ros fled Cuba with her family to Miami Florida in 1960. She became a United States citizen. Ileana attended Florida International University and became a teacher. Florida voters elected her into the state body of representatives, and she even married a fellow legislator. Their daughters Amanda Michelle and Patricia Marie were sometimes known as A.M. and P.M. Later, she became the first Hispanic woman and first Cuban American elected to the United States Congress.

Ileana Ros-Lehtinen, congresista [nacida en 1952]
Ileana Ros salió de Cuba con su familia hacia Miami, Florida en 1960. Ella se hizo ciudadana estadounidense. Ileana fue a la Universidad Internacional de la Florida y se hizo maestra. Los votantes de la Florida la eligieron como representante estatal, inclusive se casó con un colega legislador. A sus hijas Amanda Michelle y Patricia Marie algunas veces se les reconocía como A.M. and P.M. Mas tarde se convirtió en la primera mujer hispana y en la primera cubanoamericana elegida al Congreso de los Estados Unidos.

Jorge Valdez, former drug trafficker [b.1956]
Jorge Valdez and his family lost everything after the Cuban communist revolution and emigrated to Miami. After becoming a successful financier, Jorge decided to deal drugs. Eventually he ran the United States division of the Medellin drug cartel. He earned $1 million each month. News media called him one of the most powerful men in the world. When Jorge was arrested, he faced a lifetime of imprisonment but received a reduced sentence. He became a Christian and earned a doctoral degree. Today Jorge speaks to kids about his life and the danger of drugs.

Jorge Valdez, antiguo narcotraficante [nacido en 1956]
Jorge Valdez y su familia perdieron todas sus pertenencias cuando la revolución comunista en Cuba y emigraron a Miami. Después de convertirse en un exitoso financista, Jorge decidió negociar con narcóticos. Eventualmente llegó a ser el jefe de la división del cartel de Medellín en Estados Unidos. El ganaba un millón de dólares cada mes. Los noticieros lo llamaron uno de los hombres mas poderosos del mundo. Cuando Jorge fue arrestado, enfrentaba una pena de cadena perpetua, pero recibió una

sentencia reducida. Se convirtió al Cristianismo y obtuvo un doctorado.
Hoy Jorge le habla a los jóvenes sobre su vida y los peligros de las drogas.

William Carlos Williams, writer [1883-1963]

William Carlos Williams was born in Rutherford, New Jersey. He decided to become a writer and a doctor, then earned a medical degree from the University of Pennsylvania. There he met a famous poet, Ezra Pound, who strongly influenced his writing. While practicing medicine, Williams wrote poetry, essays, plays, and even novels on the side. He often wrote poetry about everyday life and common people. After suffering a heart attack in 1948, Williams continued to write until he died.

William Carlos Williams, escritor [1883-1963]

William Carlos Williams nació en Rutherford, New Jersey. El decidió hacerse escritor y doctor, entonces obtuvo un diploma de medicina de la Universidad de Pennsylvania. Allí conoció a un poeta famoso Ezra Pound, quien fuertemente influyó en su escritura. Mientras practicaba medicina, Williams aparte escribió poesías, ensayos, obras de teatro y novelas. Frecuentemente escribió poesías sobre la vida cotidiana y la gente común. Después de sufrir un ataque al corazón en 1948, Williams continuó escribiendo hasta el dia de su muerte.

Miguel Hidalgo Y Costilla, priest, [1753-1811]

Miguel Hidalgo y Costilla was born near Guanajuato, Mexico. After his education, Miguel entered the priesthood in 1779. After Napoleon invaded Spain, many colonies refused to submit to France. In 1810, Father Miguel and hundreds of his parishioners seized a prison in Dolores. Their aggression sparked the Mexican War of Independence.   Miguel won a few victories, but several of his followers lost heart and began to suffer defeats. Miguel was later captured, ejected from the priesthood, and shot for treason.

Miguel Hidalgo Y Costilla, cura [1753-1811]

Miguel Hidalgo y Costilla nació cerca de Guanajuato, México. Al terminar sus estudios Miguel ingresó al monasterio en 1779. Después de que Napoleón invadió a España, muchas colonias se negaban a someterse a Francia. En 1810, el Cura Hidalgo y cientos de feligreses tomaron una prisión en Dolores, Guanajuato. Su agresión prendió la chispa de la Guerra de Independencia de México. El Cura Hidalgo ganó unas cuantas victorias, pero varios de sus seguidores perdieron la fé y empezaron a sufrir derrotas. El Cura Hidalgo mas tarde fue capturado, expulsado del sacerdocio y ejecutado por traición.

Celia Cruz, "Queen of Salsa" [1925-2003]

Celia Cruz was born in Havana, Cuba. When a relative entered her in a radio talent contest, Celia's life changed because she won! She pursued a music degree at Havana Conservatory. Celia's wild performances launched her salsa singing career. She recorded more than 70 albums, earned more than 12 Grammy nominations, and won two Grammy Awards. Celia received a star on Hollywood's Walk of Fame, a Lifetime Achievement Award from the Smithsonian Institution, and an award from the National Endowment for the Arts.

Celia Cruz, "La Reina de la Salsa" [1925-2003]

Celia Cruz nació en La Habana, Cuba. Cuando un pariente la inscribió en un concurso radial de talento, la vida de Celia cambió, porque ganó! Ella obtuvo un diploma en música del Conservatorio de La Habana. Sus impetuosas presentaciones lanzaron la carrera de Celia como cantante de salsa. Ella grabó mas de 70 albumes, ganó mas de 12 nominaciones al Grammy, y ganó dos Premios Grammy. Celia recibió una estrella en el Paseo de la Fama en Hollywood, el Premio de Logros Eternos [Lifetime Achievement Award] de la Institución Smithsoniana y un Premio de la Fundación Nacional de Artes.

Francisco "Pancho" Villa, revolutionary [1878-1923]

Francisco "Pancho" Villa was born in Mexico, but would often cross the United States border to visit ice cream shops in various towns. Pancho wanted freedom for the Mexican people. When Venustiano Carranza seized control of Mexico, the United States supported him and Pancho was upset with their involvement. In 1916, Pancho and his guerilla fighters raided Columbus, New Mexico. They destroyed property and killed 16 people. President Woodrow Wilson sent General John Pershing and 6,000 troops after him, but they never captured Pancho Villa.

Francisco "Pancho" Villa, revolucionario [1878-1923]

Francisco "Pancho" Villa nació en México, pero frecuentemente cruzaba la frontera para visitar heladerías (neverías) en varios pueblos. Pancho quería libertad para el pueblo mexicano. Cuando Venustiano Carranza tomó el control de México, los Estados Unidos lo apoyaban y a Pancho le molestaba ese envolvimiento. En 1916, Pancho y sus guerrilleros atacaron Columbus, New Mexico. Ellos destruyeron propiedades y mataron 16 personas. El presidente Woodrow Wilson envió al General John Pershing y a una tropa de 6,000 hombres a apresarlo, pero nunca capturaron a Pancho Villa.

Oscar "Zeta" Acosta, Mexican American civil rights lawyer [abogado mexicoamericano de derechos civiles]

Isabel Allende, novelist and journalist [novelista y periodista]

Felipe Alou, Montreal Expos baseball team manager [gerente del equipo de beisbol "Montreal Expos".]

George Armijo, Rough Rider and U.S.Congressman [perteneciente al grupo élite "Rough Rider" y Congresista de E.U.]

Desi Arnaz, actor and musician [actor y músico]

Fernando Arrabal, playwright [dramaturgo]

Herman Badillo, first Puerto Rican elected to U.S. House of Representatives [el primer puertorriqueño elegido a la Cámara de Representantes de EU]

Rubén Blades, salsa singer and social activist [cantante de salsa y activista social]

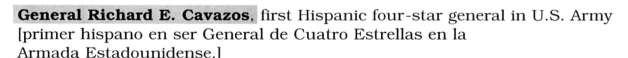

Simón Bolívar, statesman [estadista]

Fernando Bujones, ballet dancer [bailarín de balet]

General Richard E. Cavazos, first Hispanic four-star general in U.S. Army [primer hispano en ser General de Cuatro Estrellas en la Armada Estadounidense.]

Henry Cisneros, first Hispanic mayor of major U.S. city, U.S. Cabinet officer [primer hispano en ser alcalde de una ciudad importante de E.U. y oficial del Gabinete Presidencial en E.U.]

Angelo Cordero, jockey [corredor de caballos]

France Anne Córdova, youngest chief scientist at NASA [la científica líder mas joven de la NASA]

Hernán Cortes, Spanish conquistador [conquistador Español]

Cristina [Cristina Saralegui], talk show host [presentadora de programa de discusión]

Vasco Núñez de Balboa, Spanish explorer [explorador Español]

Francisco Vásquez de Coronado, Spanish explorer [explorador Español]

Manuel de Falla, composer [compositor]

Bernardo de Galvez, Spanish army officer [oficial de la armada Española]

Hernando de Soto, Spanish explorer, discovered Mississippi River [explorador Español, decubrió el Rio Mississippi]

Alvaro Nuñez Cabeza de Vaca, Spanish explorer [explorador Español]

Oscar de la Hoya, boxer [boxeador]

Oscar de la Renta, fashion designer [diseñador de alta costura]

Bartolemé de Las Casas, Spanish missionary and historian (1474-1566) [misionero e historiador Español]

General Antonio Lopez de Santa Anna, Mexican dictator and Alamo victor [dictador mexicano y vencedor del Alamo]

Benicio Del Toro, actor

Plácido Domingo, opera singer [cantante de ópera]

Gloria Estefan, Cuban pop singer [cantante cubana de música moderna]

José Feliciano, singer, composer, and guitarist [compositor, y guitarrista]

Lisa Fernández, softball player [jugadora de softbol]

Captain Manuel J. "Pete" Fernandez Jr., U.S. Air Force ace pilot [Capitán Manuel J. "Pete" Fernández Jr., piloto experto de la Fuerza Aérea de E.U.]

Mary Joe Fernández, Dominican American tennis player [tenista dominicana-americana]

Fernando Ferrer, chairman of the Hispanic Caucus of the Democratic National Committee [presidente de la Junta Política Hispana del Comité Nacional Demócrata]

Coach Tom Flores, football player [jugador de fútbol americano]

Andy Garcia, actor

Héctor P. Garcia, activist [activista]

Jerry Garcia, Grateful Dead singer [cantante del grupo "Grateful Dead"]

Reynaldo G. Garza, first Mexican American federal judge [primer mexicoamericano en ser elegido juez federal]

Elián González, child who tried to emigrate to the U.S., forced back to Cuba [el niño que trató de emigrar a E.U., y forzado a regresar a Cuba]

Corky Gonzáles, Mexican American activist [activista mexicoamericana]

Henry B. Gonzáles, Mexican American member of the U.S. House of Representatives from Texas [miembro mexicoamericano por Texas de la Cámara de Representantes de E.U.]

Julio González, sculptor (1876-1942) [escultor]

Francisco Goya, Spanish painter of the 1800s [pintor Español de los años 1800s]

Ernesto "Che" Guevara, Argentinian revolutionary who fought with Fidel Castro in Cuba [revolucionario argentino que peleó con Fidel Castro en Cuba]

José Angel Gutiérrez, political activist [activista político]

Salma Hayek, Mexican actress [actriz mexicana]

Rita Hayworth (Margarita Carmen Cansino), actress [actriz]

Antonia Hernández, Mexican American civil rights activist and lawyer [activista de derechos civiles y abogada mexicoamericana]

Joseph Marion Hernández, first Latino in U.S. history to serve in Congress [primer congresista latino en la historia de E.U.]

Oscar Hijuelos, Cuban composer [compositor cubano]

Dolores Huerta, Mexican American union leader [sindicalista mexicoamericana]

Julio Inglesias, singer [cantante]

Frida Kahlo, painter [pintora]

Tania León, Cuban American composer and conductor [compositora y conductora cubanoamericana]

Rebecca Lobo, professional basketball player [basketbolista profesional]

Trinidad "Trini" Lopez, Mexican American singer and guitarist [cantante y guitarrista mexicoamericana]

Captain Maximilliano Luna, most distinguished Hispanic Rough Rider [Capitán Maximilliano Luna, hispano mas distinguido perteneciente al grupo élite "Rough Rider"]

Luis Muñoz Marin, first governor elected by the Puerto Rican people [primer gobernador electo por el pueblo puertorriqueño]

Jose Martí, Cuban patriot and poet [patriota y poeta cubano]

Mel Martinez, U.S. Secretary of Housing and Urban Development [Secretario de Hacienda y Desarrollo Urbano de E.U.]

Antonio de Mendoza, first viceroy of New Spain (1490-1552) [primer virrey de la Nueva España]

Franciso de Miranda, Hispanic officer in American Revolution [oficial hispano en la Revolución Americana]

Joan Miró, Spanish painter (1893-1983) [pintora española]

Gabriela Mistral, Chilean poet, first South American writer to win the Nobel Prize for literature [poeta chilena, primera escritora sudamericana en ganar el Premio Nobel de Literatura]

Gregory Nava, filmmaker and producer [videógrafo y productor]

Juan de Oñate, founder of New Mexico, the Spanish colony [fundador de Nuevo México, la colonia española]

José Clemente Orozco, Mexican artist (1883-1949) [artista mexicano]

Derek Parra, Olympic speed skater who won a gold medal and set a world record in 2002 [patinador olímpico de velocidad quien ganó una medalla de oro y estableció un récord mundial en el 2002]

Federico Peña, U.S. Secretary of Transportation and Secretary of Energy [Secretario de Transportación y Secretario de Energía de E.U.]

Francisco Pizarro, Spanish conquistador [conquistador Español]

Juan Ponce de León, Spanish explorer in search of the Fountain of Youth [explorador Español en busca de la Fuente de la Juventud]

Elwood R. Quesada, first head of the Federal Aviation Agency and former vice president of Lockheed Aircraft Corporation [primer dirigente de la Agencia de Aviación Federal y antiguo vice-presidente de la Corporación Lockheed Aircraft]

Denise Quiñones, Miss Universe 2001 [Miss Universo 2001]

Bill Richardson, first Hispanic as Chief Deputy Majority Whip, governor of New Mexico [primer hispano como Jefe Delegado del Empuje Minoritario, gobernador de Nuevo México]

Geraldo Rivera, television host [presentador de televisión]

Graciela Rivera, opera singer, "Nightingale of Puerto Rico" [cantante de ópera, "Nightingale of Puerto Rico"]

Admiral Horacio Rivero, first Hispanic four-star admiral in the U.S. Navy [primer almirante hispano de cuatro estrellas en la Marina de EU]

Jennifer Rodriguez, Olympic speed skater, won two bronze medals in 2002 [patinadora olímpica de velocidad, ganó dos medallas de bronce en el 2002]

Matt Rodriguez, superintendent of the Chicago Police Department [superintendente del Departamento de Policía de Chicago]

Paul Rodriguez, actor and comedian [actor y comediante]

Robert Rodriguez, film director [director de película]

Carlos Santana, guitarist [guitarrista]

Gabriella Sabatini, tennis player [tenista]

Jon Secada, singer [cantante]

Selena [Selena Quintanilla Pérez], singer [cantante]

Martin Sheen (Ramón Estevez), actor

Sammy Sosa, baseball player [beisbolista]

Xavier L. Suárez, first Cuban American mayor of Miami [primer cubanoamericano alcalde de Miami]

Lee Treviño, golfer [golfista]

Prudencio Unanue, founder of Goya Foods [fundador de la compañía Goya Foods]

Luis Valdez, poet [poeta]

Luis Valdez, movie director [director de película]

Rudolph Valentino, actor

Nydia Velázquez, first Puerto Rican woman in House of Representatives [primera mujer puertorriqueña en la Cámara de Representantes]

Jaci Veláquez, Christian singer [cantante cristiana]

Loretta Janeta Velázquez, Cuban American soldier in the Civil War [soldado cubanoamericana en la Guerra Civil]

José Vicente Ferrer de Otero y Cintrón, Puerto Rican who won Oscar for best Actor [puertorriqueño que ganó un Oscar como mejor actor]

Guadalupe Victoria, first president of free Mexico [primer presidente del México libre]

Raquel Welch, actress [actriz]

Emiliano Zapata, Mexican revolutionary [revolucionario mexicano]

Maria Elena Zavala, scientist [científica]

WRITE AN AUTOBIOGRAPHY
ESCRIBE UNA AUTOBIOGRAFÍA

An autobiography is a story that you write about your life. As you write your autobiography, include interesting details and descriptive anecdotes (stories). Here are some questions to get you started!

When and where were you born?
What is your family like?
What is your favorite subject?
What are your hobbies and interests?
What are some favorite memories?
What are some of your best qualities?
What or who do you value most?
What do you hope to accomplish?

Una autobiografía es una historia que uno mismo escribe a cerca de su vida. Al escribir tu autobiografía, incluye detalles interesantes y anécdotas (cuentos cortitos pero directos sobre algo que te haya ocurrido) descriptivas. Aquí te van unas preguntas que te ayudarán!

¿Cuándo y dónde naciste?
¿Cómo es tu familia?
¿Qué es lo que mas te gusta?
¿Cuáles son tus pasatiempos e intereses?
¿Cuáles son tus recuerdos favoritos?
¿Cuáles son algunas de tus mejores cualidades?
¿Qué, o a quién valoras mas?
¿Qué esperas conseguir/alcanzar en un futuro?

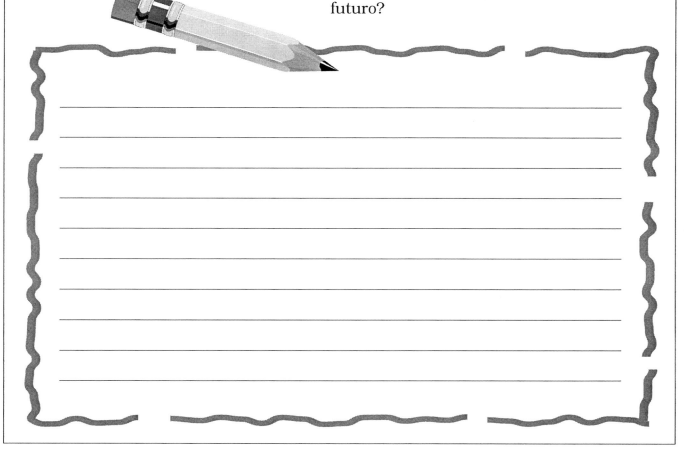

Hispanic Heritage Index
Índice de Herencia Hispana